AF497829

EXTRAIT DU SERVICE

DES

TROUPES A CHEVAL

EN CAMPAGNE.

PARIS,

IMPRIMERIE DE LACHEVARDIERE FILS,

RUE DU COLOMBIER, Nº 30.

1827.

EXTRAIT DU SERVICE

DES

TROUPES A CHEVAL

EN CAMPAGNE.

*D'un détachement en général et des précautions
à prendre pour le conduire.*

D. De quoi se compose un détachement ?

R. De la réunion de plusieurs individus, et, par suite, de plusieurs escadrons ou régiments, séparés du corps principal.

D. Chacun de ces détachements ne prend-il pas un nom différent ?

R. Il y a des patrouilles, reconnaissances, avant et arrière-gardes, flanqueurs et partis.

D. Toutes les fois qu'une troupe prend position, quelles mesures doit-elle prendre pour sa sûreté ?

R. Elle établit des avant-postes, des grand'-gardes ; elle fait marcher des patrouilles, et pousse des reconnaissances.

D. Que doit-on faire , étant en nombre, pour ne pas être surpris ou tomber dans des embuscades ?

R. L'on forme une avant-garde , une arrière-garde , et l'on détache des flanqueurs à droite et à gauche.

D. N'envoie-t-on pas quelquefois de forts détachements ou des partis sur les flancs et les derrières des lignes ennemies ?

R. Oui , pour le harceler dans sa position ou dans sa marche , et pousser des découvertes importantes.

D. Quel est le premier devoir qu'ait à remplir un commandant de détachement?

R. Celui de passer l'inspection de sa troupe avant de se mettre en marche , en s'assurant que les armes soient en bon état, nouvellement chargées et bien amorcées ; que les hommes soient pourvus de cartouches et de pierres à feu , que les chevaux soient bien sellés , chargés et ferrés.

D. Comment un commandant de détachement doit-il disposer sa troupe pour se porter en avant ?

R. Si son détachement est assez fort , il se fait précéder par deux cavaliers ayant la carabine haute, lesquels doivent être soutenus par un brigadier et quatre hommes, marchant le sabre à la main , et les fontes découvertes.

D. Où le commandant d'un détachement en marche se place-t-il avec le gros de sa troupe?

R. A deux cents pas en arrière de ses hommes, détachant aussi, à droite et à gauche, plusieurs flanqueurs, et laissant deux hommes d'arrière-garde pour observer ce qui se passe derrière lui.

D. Que doit-il recommander à ses éclaireurs et flanqueurs?

R. D'examiner avec soin tout ce qui se passe en avant, en arrière, à droite et à gauche, de s'arrêter de temps en temps pour prêter l'oreille, et de venir le prévenir au moindre bruit qu'ils entendront, pendant la nuit surtout.

D. Quelles mesures doit-il prendre, si l'on vient le prévenir de quelque chose d'extraordinaire?

R. Il doit faire halte, et ne continuer sa marche qu'après s'être assuré de la cause du bruit, ou de la nature de l'objet aperçu. Les éminences en avant, sur les flancs, de même que tous lieux susceptibles de cacher des embuscades, doivent être reconnus par les éclaireurs, avant de les dépasser, et le commandant du détachement doit, autant que possible, tout voir par lui-même.

D. Si, dans sa marche, le détachement rencontre un pont, quelles sont les précautions que doit prendre l'officier qui le commande?

R. Il doit s'arrêter en-deçà du pont, et ne le passer que lorsque le terrain en avant et sur les

côtés aura été fouillé par les éclaireurs et flanqueurs.

D. S'il doit repasser sur ce pont, quelle doit
être son attention ?

R. De le faire garder, ou d'y laisser au moins
un homme, qui sera chargé de le prévenir par un
coup de pistolet, ou par tout autre signal convenu,
dans le cas où l'ennemi viendrait s'en emparer.

D. Si l'homme laissé au pont était sûr d'avoir
été entendu, que pourrait-il faire?

R. Il pourrait se retirer sur le point de départ ;
et, dans le cas contraire, courir après le détachement, dont le chef prendrait des mesures pour ne
pas revenir par le même chemin.

D. Que doit faire le commandant d'un détachement à l'approche d'un village, et qu'a-t-il à
recommander à ses éclaireurs et flanqueurs ?

R. Il doit s'arrêter, faire entrer les éclaireurs un
à un dans le village, tandis que les flanqueurs le
tourneront. Il leur recommandera de ne pas s'arrêter dans les maisons pour boire ou pour tout autre motif, de ne pas mettre pied à terre, de s'assurer du magistrat ou d'un des notables du lieu,
qui lui sera conduit par un de ses éclaireurs.

D. Que feront les autres éclaireurs et flanqueurs
pendant ce temps-là ?

R. L'un des éclaireurs ira se placer en vedette
en avant du village, dans l'endroit le plus propre

à découvrir de loin. Les flanqueurs s'arrêteront également pour observer s'il ne vient aucune troupe sur les côtés, le détachement entrera alors dans le village et continuera sa marche.

D. Si un bureau de poste aux lettres se trouvait dans le village, que devrait faire le commandant du détachement?

R. Il devrait s'emparer des lettres et paquets qu'il ferait remettre au général, et si le détachement rencontre des courriers, il doit les arrêter et les conduire au quartier-général.

D. S'il fallait entrer dans le village pendant la nuit, avec quelles précautions devrait-il le faire?

R. Le commandant du détachement s'arrêterait avec sa troupe au moins à trois cents pas en-deçà du village, où il attendrait qu'un des éclaireurs lui amène un des habitants duquel il prendrait les premiers renseignements avant d'ordonner à ses éclaireurs de passer outre. En général, dans les marches de nuit, on ne saurait prendre assez de précautions.

Des patrouilles.

D. Quel est le but des patrouilles?

R. D'assurer la tranquillité dans un camp, au bivouac; d'empêcher qu'aucun détachement ennemi ne pénètre dans la ligne, de veiller à ce que les vedettes se gardent avec soin et fassent leur devoir ; de lier les postes les uns aux autres , en remplissant, par leurs marches et contre-marches , les espaces vides qui se trouvent entre les vedettes.

D. Comment un commandant de patrouille doit-il diriger sa marche ?

R. Autour du camp , au bivouac , en dedans des vedettes, quand l'ennemi est très près , et à cinq ou six cents pas extérieurement , lorsque la position le permet, observant tous les lieux qui avoisinent la ligne des vedettes , s'assurant qu'aucune patrouille ou détachement ennemi ne rôde aux environs , arrêtant tous les individus qui chercheraient à sortir de la ligne ou qui voudraient y pénétrer.

D. Que doit faire le commandant d'une patrouille s'il entend du bruit ?

R. Il doit s'arrêter, tâcher d'en reconnaître la cause , en envoyant dans la direction , et recommander à ses hommes de ne faire feu qu'à la dernière extrémité. Il devra également leur faire observer le plus grand silence.

D. Dans quel cas une patrouille peut-elle faire usage de ses armes à feu ?

R. Dans celui où elle serait surprise , afin de signaler la présence de l'ennemi ; alors la patrouille ne doit pas se retirer directement sur le poste, mais au contraire, faire un détour pour donner le temps aux gardes de se mettre en mesure et prendre, s'il est possible, l'ennemi en flanc.

D. N'est-il pas nécessaire de faire reconnaître pendant le jour le chemin que les patrouilles auront à tenir pendant la nuit?

R. Oui, cela est nécessaire, et ces reconnaissances seront faites par ceux mêmes qui seront destinés à faire la patrouille. Les heures des patrouilles ne seront jamais réglées. Le commandant d'un poste les fera partir quand il le jugera à propos.

Des reconnaissances.

D. A quoi servent les reconnaissances ?

R. A reconnaître, soit le terrain en avant du corps qui les détache jusqu'à une distance déterminée, soit la position de l'ennemi en marchant à lui, quand on ignore au juste ses mouvements.

D. Dans quels cas les reconnaissances ont-elles un terme fixé?

R. Lorsqu'elles ont l'ordre d'aller reconnaître jusqu'à un lieu déterminé, ou la position de l'ennemi à tel endroit.

D. Dans quels cas n'ont-elles point de terme fixé ?

R. Lorsque le commandant a l'ordre de marcher dans telle direction, jusqu'à ce qu'il rencontre l'ennemi, dont on ignore l'établissement, ou de le suivre dans sa marche jusqu'à ce qu'il prenne position.

D. Quand le commandant d'une reconnaissance est seulement chargé de reconnaître le terrain, sur quoi doit-il plus particulièrement porter son attention ?

R. Sur le chemin, sa direction droite ou courbe, la largeur, les lieux qui l'environnent ; s'il est entouré de bois, côtes, marais, prairies, etc., etc. : la distance de ces objets ; s'il est en bon état pour le passage des caissons, voitures et artillerie ; si la plaine est cultivée ou non, son étendue approximative ; s'il y a des marais, villages, bois et fossés.

D. Ne doit-il pas aussi examiner les rivières ?

R. Il doit examiner leur largeur, leur profondeur, l'élévation de leurs bords, lequel domine l'autre ; si elles coupent la route ou si elles la longent, de quel côté ; si elles ont des ponts, leur espèce, leur solidité, leur largeur, si elles portent bateau ; si elles sont guéables partout ou à quels endroits, reconnaître les gués, et y faire une remarque quelconque.

D. Quelles sont les remarques que l'on peut faire aux gués ?

R. On peut y planter des piquets, jeter plusieurs grosses pierres reconnaissables, ou marquer un arbre qui se trouverait vis-à-vis. 🗶

D. Comment peut-on reconnaître un gué?

R. Lorsqu'on a un guide, on l'y fait entrer le premier; dans le cas contraire, on fait sonder le passage par un cavalier bon nageur, et l'on traverse ensuite soi-même à cheval.

D. Quel moyen pourrait-on employer pour connaître la largeur d'une rivière non guéable et dépourvue de ponts?

R. Celui de choisir en-deçà un terrain dont l'élévation soit égale au bord opposé; on se porte ensuite à pied sur le bord de la rivière, en ajustant la visière du schakos du casque, de manière que la tête étant droite, les yeux fixés ne découvrent que le rivage opposé; on se tourne dans la même position, et après avoir reconnu l'endroit sur lequel se porte la vue, sans déranger la coiffure, on compte les pas qu'il y a jusque là, et l'on connaît ainsi à peu de chose près la largeur de la rivière.

D. Quelles remarques doit-on faire dans l'examen d'un village ou d'une ville?

R. On remarque dans l'examen d'un village la quantité et l'espèce de maisons, la disposition des localités, les rues qui coupent la principale, la hauteur des murs, des haies, s'il y a des jardins, la position des châteaux, cimetières, églises, etc. etc.

Dans l'examen des villes on remarque si elles sont fortifiées, l'espèce de fortification, leur population approximative; si elles sont dominées ou si elles ont des côtés dominants, s'il y a une rivière en avant ou une en arrière.

D. Quelles sont les principales remarques que l'on doit faire dans l'examen des bois et montagnes?

R. Dans celui des bois on remarque : leur nature, hauteur, épaisseur et profondeur; les chemins qui y conduisent et qui les traversent; si la grande route y passe ou si elle en est éloignée, et de quel côté. Dans l'examen des montagnes on remarque si elles sont près de la route, la nature de leur terrain; si elles sont escarpées, s'il y a des villages, chemins, des sources et des torrents susceptibles de se grossir par les pluies; si elles sont dominées ou si elles dominent.

D. Quand un commandant de reconnaissance aura l'ordre d'aller reconnaître la position de l'ennemi, quelles devront être ses remarques?

R. Il remarquera avec soin le terrain qui se trouve entre le point du départ et le camp ou bivouac de l'ennemi, celui sur lequel il est établi, la manière dont il se garde; s'il est retranché ou non, l'espèce de troupe qui se montre, à peu près le nombre, et s'il y a de l'artillerie, etc.

D. Le commandant d'une telle reconnaissance

suit-il indistinctement toute espèce de chemin?

R. Il doit suivre de préférence les chemins couverts, montant lui-même sur les hauteurs, au pied desquelles il arrête sa troupe, examinant tout avec attention, se gardant autant que possible de traverser les villages et de se montrer.

D. Qu'aura-t-il à faire près d'arriver à sa destination?

R. Il gagnera quelques postes abrités, desquels il puisse découvrir la position de l'ennemi, s'y cachant le mieux possible, et observant tous ses mouvements, dont il prendra note; il pourra aussi faire monter un ou plusieurs hommes sur les arbres pour mieux découvrir.

D. A quelle allure devra-t-il se retirer, aussitôt qu'il aura obtenu tous les renseignements qu'il était chargé de prendre, et avec quelles précautions s'exécutera sa retraite?

R. Il reviendra ayant soin de faire la première lieue au trot, évitant, autant que possible, de passer par les mêmes chemins, et en faisant marcher sa troupe en traversant toute espèce de terrain, pour ne laisser à l'ennemi aucune trace positive de la route qu'il aura tenue.

D. Un commandant de détachement doit-il chercher l'occasion de combattre?

R. Il ne le doit pas, à moins qu'il n'ait reçu l'ordre positif de le faire.

D. Comment devrait-il se retirer s'il était rencontré par un ennemi supérieur en force ?

R. Il se replierait lentement, et s'il était enve-
loppé, il ordonnerait à son monde de se débander
et de fuir chacun de son côté vers le rendez-vous
qu'il doit avoir indiqué au moment du départ; ce
rendez-vous doit être en avant des postes.

D. Quelles précautions devra prendre le commandant d'une reconnaissance qui sera chargé
de reconnaître la direction des colonnes ennemies ?

R. Il prendra dans cette circonstance toutes
celles possibles à bien remplir sa mission; il évi-
tera de faire du bruit et de se montrer; il s'arrê-
tera au moindre bruit; le fera reconnaître par un
cavalier intelligent, qui s'en approchera le plus
possible sans se montrer : s'il trouve des arbres
élevés et des clochers, il y fera monter un cavalier, faisant tenir en main les chevaux des hommes
qu'il charge de telles missions.

D. Que doit-il faire toutes les fois qu'il aperçoit
l'ennemi?

R. Il détache de suite un cavalier pour aller prévenir le général qui fait pousser la découverte;
enfin lorsqu'il aura des renseignements positifs,
il reviendra lestement, faisant les détours nécessaires pour dérober sa marche.

D. Que devrait faire le commandant d'un détachement qui serait chargé de suivre l'ennemi dans une marche rétrograde?

R. Il devrait ne point le perdre de vue , et rendre souvent compte de ses changements de direction ; il est essentiel qu'il ne se montre pas, afin que l'ennemi ne précipite pas sa marche.

D. Que devrait faire le commandant du même détachement, s'il voyait l'ennemi se retirer en désordre ?

R. Son devoir serait de le harceler dans sa marche par des attaques successives, et d'en prévenir le général ou l'officier supérieur qui aurait commandé la découverte.

Des découvertes de nuit.

D. Dans les découvertes de nuit doit-on observer autre chose que ce qui vient d'être prescrit?

R. Il faut dans les découvertes de nuit faire observer le plus grand silence , empêcher les hommes de fumer et de battre le briquet , n'avoir avec soi ni chevaux gris ni habitués à hennir; s'arrêter souvent pour écouter, descendre de cheval de temps en temps , se coucher par terre , et prêter l'oreille.

D. Les éclaireurs et flanqueurs doivent-ils s'éloigner du corps principal, et doivent-ils faire attention au bruit?

R. Non, ils ne doivent jamais s'éloigner du corps

principal, et ils doivent faire attention au bruit, tel qu'aboiement de chien, celui des pas, etc., etc.

D. Doit-on traverser des villages en faisant une reconnaissance de nuit?

R. Non, il faudrait les tourner, à moins d'impossibilité.

D. Quelle précaution faudrait-il prendre si, en pareille mission, on était contraint de traverser un village, ou qu'on y entendît du bruit?

R. Il faudrait envoyer un cavalier intelligent, et qui parlât la langue du pays où l'on se trouve, à la première maison où il y aurait de la lumière.

D. Que ferait le cavalier étant arrivé à quelques pas du village?

R. Il mettrait pied à terre, donnerait son cheval à tenir, se glisserait doucement jusqu'à la maison, écouterait attentivement, examinerait par les fenêtres s'il ne voit point de soldats étrangers, ou des armes et des effets qui indiquassent leur présence.

D. Que ferait-il de plus s'il n'apercevait rien de tout cela?

R. Il se montrerait à l'habitant, et prendrait auprès de lui les premiers renseignements; il rendrait aussitôt compte au commandant du détachement, qui prendrait ses mesures en conséquence.

D. Quand, pendant une nuit fort sombre, il

faudrá se porter en avant, avec quelles précautions
le fera-t-on?

R. En faisant suivre les éclaireurs par des hommes qui, un par un et de distance en distance,
formeront une chaîne jusqu'au détachement.

D. Que faut-il faire à chaque chemin croisé ou
détourné ?

R. Y laisser un homme pour montrer aux der-
niers la route que les premiers ont prise; il faut
aussi empêcher les hommes de dormir, et que
personne ne s'arrète sans ordre.

D. Que doit faire le commandant d'une reconnaissance en rentrant au camp ou bivouac ?

R. Il doit faire à son tour le rapport de ce qu'il
a vu et entendu.

Des rapports.

D. Comment les rapports doivent-ils être conçus?

R. On doit les faire bien circonstanciés et exacts.
puisqu'ils deviennent souvent la base d'un mouvement partiel ou général; il faut surtout se garder
d'affirmer une chose dont on ne serait pas certain.

D'un détachement chargé de faire des prisonniers.

D. Avec quelles précautions s'approche-t-on de
l'ennemi quand on veut faire des prisonniers?

R. Avec toutes celles indiquées pour les rèconnaissances, en évitant les villages et les grandes routes, et se glissant à travers les gorges et les taillis.

D. Que doit faire un commandant de détachement s'il trouve un poste avantageux et propre à faire des prisonniers?

R. Il doit y embusquer sa troupe, et s'il aperçoit un détachement ennemi de la même force que le sien, il l'attaque à l'improviste, tàche de l'enlever ou de faire quelques prisonniers qu'il questionne dans les premiers moments pour ne pas leur donner le temps de la réflexion.

D. Que fait-il après les avoir questionnés, si les renseignements qu'il en reçoit lui paraissent suffisants?

R. Il revient le plus lestement possible; mais s'il n'est pas content de la manière dont ils ont répondu, il les envoie sous escorte à l'officier supérieur ou général qui l'a fait marcher, et cherche une nouvelle occasion de faire d'autres prisonniers.

D. Doit-on demeurer long-temps sur le terrain après chaque action de cette nature?

R. On doit s'éloigner de la position où elle a eu lieu, parcequ'il ne serait pas prudent de s'y maintenir.

Des embuscades.

D. Qu'entend-on par embuscade ?

R. Un détachement quelconque, caché par un accident de terrain, qui emploie différentes ruses pour attirer l'ennemi dans le piége, et profiter des avantages de sa position pour l'attaquer à l'improviste.

D. Quels sont lés lieux propres à favoriser une embuscade?

R. Ce sont les bois. les fondrières, les villages, les haies, murs et maisons écartées ; il suffit d'observer que l'endroit que l'on choisit ait au moins deux issues.

D. Quelles ruses peut-on employer pour attirer l'ennemi à soi quand il change de direction et qu'il vous évite ?

R. On peut détacher un ou plusieurs cavaliers bien montés, qui, en prenant des détours, vont se présenter devant l'ennemi, et tâchent dans leur retraite de l'attirer vers le poste embusqué ; le commandant fond alors dessus avec impétuosité, enlève tout ce qu'il peut, et se retire précipitamment.

D. N'est-il pas bon d'employer quelquefois les embuscades dans une retraite, lorsque l'ennemi vous poursuit trop vivement?

R. Oui, et dans ce cas on peut détacher une partie de sa troupe, qui va s'embusquer en arrière dans un lieu favorable; le reste du détachement fuyant alors devant l'ennemi, l'amène vers cette embuscade, qui, fondant sur lui, le rend moins entreprenant.

Des escarmouches.

D. Qu'entend-on par escarmouches?

R. Les petits combats que se livrent les éclaireurs et les avant-postes, gardes, etc.

D. Quel est leur but?

R. D'aguerrir une troupe avant de la conduire à de plus grandes actions; et dans ce cas engager ces sortes de combats avec certitude de succès, parcequ'un échec produirait l'effet contraire. Elles peuvent aussi avoir pour but de faire des prisonniers desquels on peut tirer des éclaircissements.

Des indices.

D. Quels sont les indices qui peuvent offrir des renseignements aux commandants de reconnaissances?

R. La multiplicité des indices ne permet pas qu'on les indique tous; mais en général tous méritent une attention scrupuleuse.

D. Qu'annoncent la trace et la direction des pieds de chevaux?

R. Qu'il est passé quelque reconnaissance ou patrouille de cavalerie, et si le chemin est battu partout, on peut en augurer que c'est un corps nombreux.

D. Que peut-on observer encore?

R. Si la terre aux environs des routes a été piétonnée, et la direction des pas. Si les champs voisins sont tracés par les sillons des roues; enfin s'il reste des vestiges de paille, des feux mal éteints, on peut conjecturer qu'il y avait un parc d'artillerie : la direction des ornières peut indiquer le chemin qu'il a pris.

D. Que peut-on présumer si l'on aperçoit du fumier, des piquets et des vestiges de fourrage?

R. Qu'il y avait un bivouac de cavalerie ; grand nombre de baraques renversées, des petits feux éteints et rapprochés annoncent un bivouac d'infanterie.

D. En observant d'un lieu quelconque la direction d'une troupe en marche, comment peut-on juger si la colonne s'avance?

R. Quand les reflets des armes, occasionés par les rayons du soleil ou de la lune, parviennent directement à celui qui les observe.

D. Comment juge-t-on que la colonne se retire?

R. Quand les reflets sont incertains et vacillants.

D. Si les reflets vont de gauche à droite, que doit-on présumer?

R. Que la troupe marche vers la droite.

D. La poussière ne peut-elle pas aussi servir d'indices?

R. Elle peut servir à reconnaître la direction d'une colonne et son espèce. Il faut d'abord observer d'où vient le vent, et comparer ensuite la poussière que l'on voit à celle que fait le détachement que l'on commande; il faut aussi s'habituer à distinguer si cette poussière est occasionée par une colonne ou des troupeaux de bestiaux.

Analyse des questions à faire aux prisonniers et déserteurs.

D. Quelles questions convient-il de faire à un prisonnier ou à un déserteur.

R. On lui demande la force de sa compagnie, combien il y a de compagnies dans le régiment auquel il appartient, le nom de celui qui le commande, avec quel régiment il est de brigade; le nom du général, sa division, son corps d'armée; si son régiment est campé ou cantonné; s'il est détaché du corps principal; si l'armée a un bon esprit, si les vivres sont abondants; si les chevaux de la cavalerie sont en bon état, s'il lui faut aller au fourrage loin, de quel côté; où est le grand parc. On répète plusieurs fois les mêmes questions, pour voir s'il ne se coupe pas dans ses réponses.

Questions à faire aux voyageurs.

D. Quelles questions doit-on faire aux voyageurs?

R. On leur demande leurs noms et leurs passe-ports, s'ils ont rencontré l'ennemi, la direction qu'il prenait, la force et l'espèce de la troupe, le temps qu'ils ont mis à longer la colonne et dans quels sens; si l'ennemi occupe une grande étendue de terrain; si les villes en arrière sont forti-fiées, si les routes et les ponts sont en bon état; s'ils ont vu beaucoup d'artillèrie; si les avant-postes sont nombreux, etc.

D. A qui et comment doit-on rendre compte des renseignements que l'on recueille?

R. Le commandant de la reconnaissance rédige son rapport et l'envoie cacheté à celui qui l'a fait marcher.

D. Que faut-il demander aux voyageurs qui viennent du côté de l'armée dont on fait partie?

R. Il faut leur demander leurs passe-ports, et s'ils n'étaient pas signés du général en chef ou de son état-major, il serait nécessaire de faire reconduire les voyageurs , sous bonne escorte, jusqu'aux avant-postes.

Des questions à faire à un habitant ou maître de poste.

D. Quelles questions doit-on faire à un habitant ou maître de poste?

R. On lui demande si l'ennemi vient souvent sur les lieux, l'espèce de troupe qui se montre ; s'il pousse des patrouilles à des heures régulières , et mille autres choses que les circonstances peuvent déterminer.

Sur la manière de détruire les ponts.

D. Comment détruit-on un pont de bois?

R. En le brûlant avec des fagots goudronnés , ou par une explosion sur l'une des piles.

D. Comment fait-on sauter un pont de pierre?

R. Par le moyen d'obus ou d'une masse de poudre logée sur la longueur de la clef d'une arche. Plus on met de poudre, moins on doit l'entasser, car si la partie inférieure était trop faible , l'explosion la ferait céder et les parties latérales resteraient intactes. Trente-sept kilogrammes de poudre peuvent détruire la pile d'un pont de deux arches; mais pour écraser la voûte d'une arche que l'on ne fait que dépaver , il faudrait le double de poudre.

D. Quelles précautions faut-il prendre pour mettre le feu aux obus et fourneaux ?

R. Il faut employer une traînée de poudre à l'extrémité de laquelle on place un morceau d'amadou traversant un gros papier : la partie extérieure de l'amadou touche la poudre, dont les grains sont écrasés ; on met le feu à la partie antérieure, qui, brûlant lentement, donne le temps de se retirer.

De la manière de détruire les armes à feu.

D. Comment détruit-on les armes à feu ?

R. En brisant la noix par un coup de chien sur une pierre ou en faussant les canons ou en brisant la crosse ; mais le premier moyen est préférable, parcequ'il faut un homme de l'art pour réparer la platine.

Sur la destruction d'un gué.

D. Quel moyen emploie-t-on pour détruire un gué ?

R. On peu détruire un gué en y plantant un double rang de piquets inégaux qui ne dépassent pas l'eau, et en y jetant des herses dont les dents seraient en l'air.

Des avant-gardes.

D. Toutes les fois qu'une troupe fait un mouvement en avant, par qui doit-elle se faire précéder?

R. Par une avant-garde, qui doit être disposée comme nous l'avons dit à l'article des précautions à prendre pour la marche d'un détachement.

D. Quel est le but d'une avant-garde?

R. De couvrir et éclairer la marche du corps qui la suit, de lui ouvrir le chemin, de vive force, si cela est nécessaire, ou de se porter lestement sur les positions importantes qu'il serait essentiel d'occuper avant l'ennemi.

D. Quels piéges un commandant d'avant-garde doit-il éviter et quels sont ses devoirs?

R. Il doit éviter tous les piéges que lui tend l'ennemi, ne jamais se laisser attaquer inopinément, profiter des avantages du terrain, attaquer vivement, s'il a l'ordre de pousser l'ennemi, et enfin tenir toujours le commandant supérieur duquel il dépend au courant de tout ce qui se passe à son avant-garde.

Des arrière-gardes.

D. À quoi servent les arrière-gardes dans une marche en avant?

R. A occuper en arrière les défilés qu'il est important de garder ; à faire suivre tout le monde et arrêter les entreprises de l'ennemi qui voudrait tenter d'attaquer la queue de la colonne.

D. Quel est le but d'une arrière-garde dans un mouvement rétrograde ?

R. De protéger et de soutenir la retraite. A cet effet le commandant met à profit toutes les dispositions du terrain qui lui fournissent les moyens d'arrêter l'ennemi. Il ne tient que fort peu en avant des défilés, mais une fois qu'il est en arrière il les défend par tous les moyens et les ressources que son intelligence lui suggère. Il avertit exactement le commandant supérieur de la manière plus ou moins inquiétante avec laquelle il est poussé : s'il a de mauvais chevaux, il les fait retirer les premiers.

Des avant-postes.

D. Où établit-on des avant-postes?

R. En avant de la position d'un camp, d'un bivouac ou d'un cantonnement; mais, dè quelque manière qu'on établisse les avant-postes, il ne faut jamais les placer en avant des défilés; il faut, au contraire, toujours les placer en arrière, afin de les couvrir par les accidents du terrain, auxquels on ajoute par des abatis, des barricades, la destruction d'un pont.

Des grand'gardes.

D. Quel est le devoir des grand'gardes, et où sont-elles placées?

R. Elles sout chargées d'assurer la tranquillité du corps qui les détache; elles fournissent à cet effet des vedettes; elles sont placées, autant que possible, dans des terrains propres à en dérober la vue : elles ne doivent pas perdre de vue les petits postes ni ceux-ci les vedettes.

D. Jusqu'à quelle distance les grand'gardes peuvent-elles pousser leurs vedettes?

R. Autant en avant que le permettent la prudence et les localités, de manière à découvrir le plus loin possible et qu'elles puissent se voir entre elles.

D. Pendant qu'une armée ou corps principal s'établit, les commandants des grand'gardes doivent-ils faire des patrouilles?

R. Ils doivent faire des patrouilles, fouiller les buissons et visiter tous les vallons situés devant le front qu'ils ont à surveiller.

D. Que doit faire le commandant d'une grand'
garde après avoir placé ses postes, s'il se trouve
dans un pays inconnu ?

R. Il se fait amener un homme des maisons voi-
sines, prend sa carte particulière, demande le
nom des villages d'alentour, s'informe de tout ce
qu'il doit savoir : par exemple, s'il y a dans les environs des défilés, des marais, des étangs, etc.,
etc. ; si les chemins qui se trouvent en avant de lui
et sur les côtés sont bons ou mauvais.

D. Que fera-t-il après avoir pris ces divers renseignements ?

R. Il montera à cheval, se portera auprès des
vedettes, lesquelles seront autant que possible
deux ensemble ; il verra s'il est bien gardé, et leur
montrera à chacun en particulier de quels côtés
elles doivent avoir leur point de vue, qui doit porter sur les fonds, les villages et les grandes routes.

D. Fera-t-il mettre pied à terre en rentrant à
son poste ?

R. Oui, il fera mettre pied à terre à une partie
de sa garde, de manière qu'il y en ait toujours un
quart à cheval, non compris les petits postes, qui
seront toujours à cheval et relevés toutes les quatre
heures.

D. Le commandant d'une grand'garde doit-il
visiter souvent ses vedettes ?

R. Il doit les visiter souvent de jour et de nuit

et les questionner sur ce qu'elles ont à faire ; il les fera de même visiter par un officier ou sous-officier pour les tenir alertes.

D. Quand un poste est assez rapproché de l'ennemi et qu'il peut par sa position en remarquer tous les mouvements, sur quoi doit se porter l'attention de ceux qui observent?

R. Sur les troupes qui entrent au camp, et de quelle manière ; sur celles qui en sortent, où elles vont, et quelle est leur espèce.

D. Dans la nuit, comment peut-on juger de l'arrivée des troupes dans le camp ennemi?

R. On peut en juger par le cliquetis des armes, le babil des soldats, le cri des voitures et de ceux qui conduisent l'artillerie ; et quand le bruit paraît se fixer, s'il y a de la cavalerie, on l'entendra au bruit qu'elle fait en enfonçant des piquets et à l'accroissement des feux.

D. Comment peut-on juger si des troupes sortent du camp?

R. Par le bruit qui s'éloigne et par les feux qui s'éteignent; mais cette dernière remarque n'est pas toujours bonne, parceque l'ennemi fait souvent entretenir les feux par des troupes légères pour ne pas laisser soupçonner son départ.

D. N'arrive-t-il pas quelquefois que les généraux ennemis s'avancent sous escorte jusqu'aux gardes avancées pour faire chasser les vedettes des hauteurs, pour pouvoir y monter, et être à même de reconnaître notre camp?

R. Cela se voit assez souvent; mais aussitôt que l'officier en est prévenu par les vedettes, il se porte avec célérité sur le point menacé, prenant avec lui le monde nécessaire pour en défendre l'approche, et faisant en même temps prévenir l'officier dont il dépend.

D. Quand un trompette ennemi ou un parlementaire a été arrêté par les vedettes, que le brigadier l'a reconnu, que reste-t-il à faire à l'officier commandant?

R. Il se rend auprès de la vedette, fait bander les yeux au parlementaire et le fait conduire à son poste; là, il le questionne sur sa mission; en fait le rapport au général commandant, et lui fait demander s'il doit le lui envoyer; mais si le parlementaire est chargé seulement de remettre des paquets et de l'argent, l'officier ne souffre pas qu'il dépasse les vedettes, et lui donne un reçu de ce qu'il lui a confié. Les lettres, paquets ou argent, sont envoyés au général.

D. Comment agit-on envers les déserteurs?

R. On les désarme au poste avancé, pour les envoyer de suite, sous escorte, au général, ne souffrant pas qu'ils vendent leurs chevaux ni aucune partie de leur équipement avant d'avoir paru au quartier général.

De l'arrivée et du service des 'grand'gardes dans leurs postes.

D. Que doivent faire les grand'gardes quand la nouvelle approche de celle qu'elle doit relever?

R. L'ancienne doit monter à cheval, et, après avoir reconnu la nouvelle, elle la laisse avancer et se place à sa gauche ; les deux gardes doivent avoir le sabre à la main et les trompettes sonner la marche.

D. Comment et par qui seront données les consignes des grand'gardes?

R. Elles seront données par écrit par les officiers généraux ou supérieurs qui placeront les gardes, et le commandant de la nouvelle garde en donnera son reçu à celui de la veille.

D. Doit-on indistinctement occuper le même poste la nuit comme le jour?

R. Non, le soir on se retire à six cents ou huit cents pas en arrière, consultant à cet effet les localités.

D. Comment faut-il faire cette retraite?

R. Après avoir fait retirer toutes les vedettes, on vient au poste de nuit en faisant une ou plusieurs haltes, se retirant en même temps que les gardes qui sont à droite et à gauche, faisant former l'arrière-garde par les petits postes.

D. L'officier commandant étant arrivé au poste de nuit, comment établit-il ses vedettes ?

R. Les vedettes seront doubles, et il doit les placer sur les revers et au bas des montagnes, de manière à voir du bas en haut, et assez près les unes des autres pour qu'aucun détachement ennemi ne puisse passer entre elles sans être aperçu ; si le terrain est difficile à garder, il fait établir des vedettes volantes et fait faire de fréquentes patrouilles.

D. Quelles précautions l'officier a-t-il à prendre pour faire boire les chevaux ?

R. Il fait monter toute sa garde à cheval et il envoie successivement à l'abreuvoir le quart de sa troupe, conduit par un officier ou sous-officier. On fait ordinairement boire les chevaux avant d'aller relever, et le soir, en prenant le poste de nuit ; dans les fortes chaleurs, on les fait boire vers le milieu de la journée, quand la position de l'ennemi peut le permettre.

D. Ne doit-il pas ensuite donner les mots d'ordre, de ralliement, etc. ?

R. Oui, il les donnera aux officiers et sous-officiers ; et si une des vedettes vient à se détacher, il faut qu'il change aussitôt le mot de ralliement, en faisant prévenir les postes qui sont à sa droite et à sa gauche.

D. Quel soin aura-t-il encore pendant la nuit ?

R. De tenir son monde éveillé et dispos ; de ne point souffrir qu'on attache les chevaux, qui doivent être tenus par les rênes ou la longe, et que la bride de ceux qui mangent soit passée dans le bras gauche du cavalier ; enfin, que personne ne s'éloigne de son cheval.

D. Avant le point du jour, que reste-t-il à faire à l'officier commandant une grand'garde, et avec quelle précaution doit-il se porter au poste du jour?

R. Il fait d'abord monter toute sa garde à cheval ; et lorsqu'il fait bien jour, il détache les hommes qui doivent être placés aux petits postes du jour.

D. Comment ces hommes doivent-ils être divisés et marcher ?

R. Ils sont divisés et marchent ainsi qu'il suit. Un maréchal-des-logis envoyé avec six hommes par la droite, et un brigadier envoyé avec le même nombre par la gauche, pour aller faire la découverte dans tous les endroits que le commandant leur aura marqués, se mettront en mouvement, et décriront un arc de cercle, de manière à se joindre à l'endroit où doit être placée la vedette de jour la plus avancée, et laissant dans leur marche, de distance en distance, des cavaliers pour observer de tous côtés.

D. Que feront ces deux sous-officiers quand ils se seront joints ?

R. Le maréchal-des-logis restera avec la vedette, et le brigadier viendra rendre compte au commandant, qui, après avoir fait rentrer les petits postes et les vedettes de nuit, marchera pour prendre son poste de jour, observant encore de s'y porter en même temps que les gardes placées à droite et à gauche, et avec lesquelles il entretiendra une communication exacte, soit de jour, soit de nuit.

D. Arrivé au poste de jour, que restera-t-il à faire à l'officier commandant?

R. Il se portera, avec le brigadier qui aura fait la découverte, à la vedette la plus avancée, où sera resté le maréchal-des-logis, et, après avoir vu par lui-même la vérité du rapport qui lui aura été fait, il enverra les deux sous-officiers retirer les cavaliers qu'il avait placés.

D. Que fera-t-il de ces cavaliers?

R. Il en formera les petits postes, établira ses vedettes de jour, donnera au maréchal-des-logis le conseil qu'il jugera nécessaire, et reviendra à sa garde.

D. De quelle manière doit-on recevoir un officier général ou supérieur qui, pendant la nuit, vient visiter le poste?

R. Lorsqu'un officier supérieur ou général se présente à un poste de nuit, suivi de quelques hommes, la sentinelle ou vedette l'arrête; le brigadier le reconnaît; et l'officier commandant fait monter la garde à cheval et mettre le sabre à la main.

D. Que fait-il ensuite?

R. Il s'avance six pas en avant de la vedette, escorté de deux cavaliers et du brigadier, le mousqueton haut, donne le mot à l'officier supérieur ou général, et revient se mettre à la tête de sa troupe pour recevoir les ordres.

D. Si, pendant la nuit, quelque troupe détachee de l'armée s'approche des vedettes, celles-ci doivent-elles leur permettre d'entrer dans la chaîne ?

R. Non ; elles doivent les faire tenir à l'écart ; et le commandant de la grand'garde, après avoir été averti, fait venir à lui, sous l'escorte d'un sous-officier et de deux cavaliers, l'officier commandant le détachement, pour l'examiner.

D. Quelles mesures prend-il à l'égard de ce détachement, et à l'égard de l'officier, après l'avoir reconnu ?

R. Il fait conduire le détachement au camp, et retient l'officier jusqu'à ce que le détachement ait passé la grand'garde ; mais si cette troupe a été plusieurs jours dehors, et qu'elle ne puisse pas donner le mot d'ordre, le commandant de la grand'garde doit prendre encore plus de précautions, et la faire tenir à l'écart jusqu'au jour, à moins d'ordre contraire.

D. Quel est le devoir d'un commandant de grand'garde qui entend tirer?

R. Il fait prévenir les postes de soutien, et s'avance lui-même pour soutenir les petits postes et les vedettes.

D. Comment doit se placer une grand'garde, près d'un village, pendant le jour?

R. Elle doit s'établir en avant, sur le bord des vergers qui peuvent la couvrir; mais sans cesser de conserver la vue et la communication de ses petits postes.

D. Que doit faire l'officier commandant pour pouvoir marcher avec facilité au secours des petits postes, ou se retirer au besoin?

R. Il doit disposer les passages qui sont entre lui et ses petits postes, et ceux autour du village, de manière que les communications soient libres ou la retraite facile.

D. Quand, par la difficulté du terrain, une grand'garde ne peut pas voir du même point tous les petits postes, que doit faire l'officier qui la commande?

R. Il doit employer des vedettes intermédiaires, placées de manière à voir les petits postes dont il s'agit, et à être vues elles-mêmes de la grand'-garde, ou au moins de pouvoir s'y rendre sans courir le risque d'être coupées avant d'avoir pu donner des avertissements sur ce qui se passe **du** côté de l'ennemi.

D. Que fait un commandant de grand'garde quand des généraux passent auprès de sa troupe?

R. Il doit faire monter à cheval, pour leur rendre les honneurs ordonnés ; mais si la grand'garde était placée de manière à ce que l'ennemi puisse facilement la découvrir, il ne sera pas à propos, après avoir reconnu ce général et sa suite, de faire monter à cheval, afin de ne pas signaler sa présence à l'ennemi.

D. N'arrive-t-il pas qu'un général fasse marcher la grand'garde pour le couvrir pendant qu'il va reconnaître l'ennemi?

R. Oui ; pour lors l'officier qui la commande laisse les vedettes à leur poste, et suit le général avec tout son monde, ayant soin de former une avant-garde et des patrouilles sur les flancs, pour couvrir la marche du général.

D. Est-il permis à un poste d'avoir du feu.

R. Il est des circonstances où les postes doivent rester sans feu ; et en supposant qu'ils puissent en avoir, il faut le cacher autant que possible, et avoir toujours de l'eau ou du sable prêt pour l'éteindre en cas d'attaque.

Des petits postes.

D. Où doivent être placés les petits postes?

R. A trois ou quatre cents pas de la vedette qu'ils fournissent et doivent protéger ; le brigadier qui commande un petit poste maintient ses hommes à cheval et leur fait observer le plus grand silence.

D. Quelle attention le brigadier doit-il exercer sur les vedettes?

Il doit reconnaître tout ce que sa vedette annonce ; veiller à ce qu'elle ne soit pas enlevée, et à ce qu'elle exécute sa consigne ; il doit aussi se porter vers elle au galop, chaque fois qu'elle l'avertit par un signal convenu.

D. De quelle manière doit-il la reconnaître ?

R. En dépassant la vedette de quinze ou vingt pas, et se faisant accompagner par deux hommes auxquels il fait apprêter les armes.

D. Doit-on placer les petits postes et les vedettes en vue?

R. On doit les placer le moins en vue possible, mais toutefois on doit se régler sur les localités plus ou moins avantageuses pour découvrir de loin, garder le passage d'un pont, d'un gué, etc., etc.

D'un piquet.

D. Qu'entend-on par piquet?

R. Une troupe que l'on rassemble à l'approche de la nuit, en avant d'un camp ou d'un bivouac, et dont la destination est de soutenir les avant-postes en cas d'attaque.

D. Le commandant d'un piquet, après avoir établi sa troupe à l'endroit indiqué, comment doit-il placer sa sentinelle?

R. A trente pas de son bivouac; il doit lui recommander la plus grande attention, et lui donner l'ordre de l'avertir à la moindre alerte.

D. Que doit-il faire s'il entend tirer?

R. Il doit faire monter son piquet à cheval, le mettre en bataille, et rester dans cette position, ou s'avancer jusqu'aux grand'gardes, suivant les instructions qu'il a reçues.

Des fourrageurs.

D. Les fourrageurs doivent-ils se rendre à leur destination armés, sellés, etc.?

R. Oui, et avec leurs cordes à fourrage.

D. Que doit faire l'officier commandant, en arrivant à l'endroit où l'on doit fourrager?

R. Il doit reconnaître tous les débouchés par lesquels on peut venir à lui, il les fait occuper par des postes qu'ils lient les uns aux autres par des vedettes de manière à entourer le terrain sur lequel on fourrage.

D. Quelle mesure de sûreté doit-il prendre sur le terrain où il fourrage?

R. Il doit placer au centre de ce terrain un détachement destiné à secourir les postes attaqués, pour arrêter l'ennemi s'il tentait de pénétrer au milieu des fourrageurs.

D. Ces dispositions prises, peut-il faire mettre pied à terre?

R. Oui, à un nombre d'hommes nécessaires; il leur désignera les maisons où ils doivent prendre du fourrage, si c'est dans un village, ou le terrain qu'ils doivent faucher, si c'est du vert.

D. A quoi doivent veiller les officiers et sous-officiers en faisant des trousses?

R. A ce qu'elles soient bien faites et chargées sur les chevaux de manière à ce que les hommes les jettent à terre sans descendre de cheval.

D. Quelles dispositions doit prendre l'officier commandant quand tous les fourrageurs ont chargé leurs trousses?

R. Il les rassemble et les met en marche, précédés d'une avant-garde et flanqués par des éclaireurs.

D. Quand les fourrageurs seront ainsi en marche

et qu'ils auront un peu d'avance, que feront les postes qui formaient la chaîne?

R. Ils se retireront lentement et en faisant suivre les vedettes comme éclaireurs et tirailleurs.

D. En cas d'attaque pendant le fourrage, que doit faire au premier coup de feu l'officier commandant?

R. Il doit faire sonner à cheval; à cette sonnerie chaque fourrageur se rend lestement au lieu du rassemblement.

D. Serait-il prudent de faire porter de suite le détachement de réserve sur le point où l'on a fait feu?

R. Non, parceque souvent l'ennemi simule une attaque pour profiter des dispositions que l'on ferait pour s'y opposer.

D. Si un détachement se trouve à portée d'attaquer une troupe occupée à fourrager, comment devra-t-il le faire?

R. Avec promptitude, en tâchant d'attirer l'attention de l'ennemi sur un point, et s'efforçant de pénétrer au milieu des fourrageurs.

D. Un détachement de cavalerie ne doit-il pas se garder de pénétrer trop inconsidérément dans un village où l'ennemi fourrage?

R. Oui, parcequ'il pourrait s'y trouver de l'infanterie. Il suffira alors de chagriner l'ennemi autant que possible pour l'empêcher de fourrager.

De l'escorte d'un convoi.

D. La cavalerie est-elle destinée à escorter et défendre un convoi?

R. Elle est moins destinée à l'escorter et à le défendre qu'à lui donner à temps des nouvelles de l'ennemi.

D. Quel est l'objet principal de l'officier qui commande l'escorte d'un convoi?

R. De le conduire sûrement à sa destination ; d'éviter de combattre, et s'il s'y trouve forcé, de ne chercher d'autre avantage que celui de repousser l'ennemi.

D. S'il parvient à le repousser, doit-il le poursuivre?

R. Non, il doit continuer à poursuivre sa route, sans chercher à poursuivre celui qui ne s'oppose plus à sa marche, car une fuite simulée n'est bien souvent qu'un piége que l'ennemi vous tend.

D. Jusqu'à quelle distance l'officier commandant l'escorte d'un convoi doit-il faire reconnaître le pays?

R. Aussi loin que possible, sans trop risquer les hommes qui vont reconnaître.

D. Comment l'officier commandant l'escorte d'un convoi doit-il disposer sa troupe?

R. Il fait marcher une avant-garde, une arrière-garde, et quelques hommes sur les flancs pour faire serrer les caissons ou chariots à leur distance, se plaçant avec le fort de sa troupe à l'endroit le plus exposé, d'où il doit se porter avec elle partout où besoin sera.

D. Si, étant en marche, il se présente un défilé ou chemin creux, avec quelle précaution faudra-t-il le passer?

R. S'il y a plus à craindre en avant du défilé qu'en arrière, il faudra faire passer le fort du détachement avant le convoi et le mettre en bataille en avant du défilé; si, au contraire, on attendait l'ennemi sur les derrières, il faudrait laisser le fort du détachement en arrière, le mettre en bataille, faisant face au côté d'où l'on vient, afin de protéger le passage.

D. Quelles dispositions doit prendre l'officier commandant l'escorte d'un convoi, s'il est attaqué par de la cavalerie?

R. La disposition la plus prompte est de faire doubler la file des caissons ou chariots, en les faisant tourner successivement vis-à-vis et à côté l'un de l'autre, de manière que les chevaux de deux attelages qui se suivent se regardent, que les têtes soient très rapprochées, et que les derrières des chariots soient tournés sur les flancs de la route.

D. S'il y a un défilé dans l'endroit où l'on doit

coucher, faudra-t-il le passer en arrivant, ou at-
tendre le lendemain matin?

R. Si ce convoi peut être en sûreté en avant
comme en arrière du défilé, il y aura toujours de
l'avantage à le passer pendant que les voitures sont
en file.

De l'ataque d'un convoi.

D. Lorsqu'un détachement sera chargé d'attaquer un convoi, que devra d'abord faire l'officier
commandant?

R. Il ira en personne reconnaître de très.près la
marche du convoi et la disposition de l'escorte,
tâchant de faire cette reconnaissance en évitant
d'être reconnu. Il examine si le convoi est à portée
d'être secouru d'ailleurs, et de quel côté il pourrait
l'être; alors il attaquera le côté opposé, attendant
pour cela que le convoi se trouve dans un lieu où
les localités puissent rendre l'attaque plus facile.

D. Si le détachement bat et disperse l'escorte
du convoi, que faudra-t-il faire pour assurer cette
prise sur l'ennemi?

R. Il faudra faire filer les chariots le plus
promptement possible par le chemin le plus court
vers l'endroit où la prise sera plus tôt en sûreté.

D. S'il existait quelque sujet de crainte et qu'il

parût difficile de gagner un lieu de sûreté, à quoi faudrait-il se borner?

R. A emmener les chevaux en coupant les traits, à mettre le feu aux chariots, à répandre et gâter les farines et les provisions dont il pourrait être chargé.

D. Que ferait-on si l'on ne pouvait emmener tous les chevaux?

R. On ferait couper les jarrets à ceux qu'on serait dans le cas de laisser.

D'une place d'alarme.

D. Qu'entend-on par place d'alarme?

R. Le lieu que l'on choisit pour rassembler la troupe en cas de surprise ou d'approche de l'ennemi.

D. Avant de fixer son choix, doit-on reconnaître les chemins, débouchés, etc. ?

R. Il faut d'abord reconnaître tous les environs, examiner tous les débouchés qui conduisent des quartiers à la place d'alarme, avoir grand soin que les chemins soient en bon état et qu'ils soient débarrassés de tout ce qui pourrait gêner le passage des troupes.

D. Quelle doit être l'étendue d'une place d'alarme?

R. Son étendue doit être relative à la quantité

de troupes qui doivent s'y mettre en bataille , et les communications en arrière doivent être faciles et sûres.

D. Où doit-on choisir les places d'alarme de nuit?

R. Toujours en arrière d'un village et du côté où l'on peut être secouru le plus facilement.

D. Où doit-elle être choisie pendant le jour ?

R. En avant du village, pour soutenir les avant-postes; mais il faut se reployer immédiatement en arrière si l'on est menacé par des forces supérieures.

Il est des cas où l'on peut, suivant la force de la troupe que l'on commande, rassembler pendant le jour une partie du détachement en avant du village, et l'autre en arrière de tout défilé sur la place d'alarme de nuit.

D. Si l'on était dans un pays coupé , où prendrait-on la place d'alarme tant de jour que de nuit?

R. On la prendrait en arrière du défilé par lequel l'ennemi serait obligé de passer et que l'on pourrait défendre avec peu de monde.

9 782329 664828